AF337683

PETIT
CATÉCHISME

DU CITOYEN CHRÉTIEN

OU

EXPOSITION ÉLÉMENTAIRE DES PRINCIPES FONDAMENTAUX
DE LA SOCIÉTÉ CHRÉTIENNE

PAR

M. ANSART-DEUSY

« Serviam. »

PARIS

VICTOR SARLIT, LIBRAIRE-ÉDITEUR, RUE DE TOURNON, 19

BREST

J. B. ET A. LEFOURNIER

Imp.-Lib., Grand'Rue, 86.

QUIMPER

J. SALAUN, LIBRAIRE

rue Kéréon, 56.

1872

PETIT CATÉCHISME

DU CITOYEN CHRÉTIEN

PETIT CATÉCHISME

DU CITOYEN CHRÉTIEN

OU

EXPOSITION ÉLÉMENTAIRE DES PRINCIPES FONDAMENTAUX
DE LA SOCIÉTÉ CHRÉTIENNE

PAR

M. ANSART-DEUSY

« Serviam. »

PARIS

VICTOR SARLIT, LIBRAIRE-ÉDITEUR, RUE DE TOURNON, 19

BREST — QUIMPER

J. B. ET A. LEFOURNIER   J. SALAUN, LIBRAIRE
Imp.-Lib., Grand'Rue, 86.   rue Kéréon, 56.

1872

AVERTISSEMENT

Ce petit livre contient le développement très-élémentaire mais suffisant, des principes qui doivent régir la *Société chrétienne*, aussi avons-nous dû sacrifier à la clarté, tout, excepté la méthode.

Les termes scientifiques en ont été écartés autant qu'il a été possible de le faire en traitant un pareil sujet : le style y a peut-être perdu en concision et en élégance, mais nous espérons qu'il y aura gagné en force persuasive et en lumière.

Nous avons cru devoir donner une certaine étendue à la démonstration des principes les plus attaqués aujourd'hui : Propriété, Capital, Intérêt, Rente, Famille, Héritage, Sacrifice, etc.; il en résulte peut-être un défaut de proportions dans l'ensemble, mais cela importe peu si nous sommes compris, si nous avons le bonheur de convaincre quelques esprits et de donner à la Jeunesse les premières armes pour combattre et réfuter l'Erreur.

Car ceci n'est pas un ouvrage de science ou de littérature, c'est une œuvre de bonne foi, de simple raison et surtout de bonne volonté.

PETIT

CATÉCHISME

DU CITOYEN CHRÉTIEN

PRINCIPES GÉNÉRAUX

Êtes-vous Français ?

Oui, par la grâce de Dieu.

Pourquoi dites-vous par la grâce de Dieu ?

Parce que c'est la doctrine de N.-S. J.-C. qui a formé la nation française dont il m'a fait membre par ma naissance.

Est-ce que N.-S. J.-C. n'a constitué que la nation française ?

Non, la doctrine de N.-S. J.-C. est pour tous les hommes, et l'ensemble des Chrétiens forme ce qu'on appelle la *Société chrétienne*, qui s'est divisée en plusieurs associations particulières que l'on appelle *Nations*.

Pourquoi la Société chrétienne s'est-elle divisée en Nations ?

Parce que des familles chrétiennes se sont entendues pour se défendre, se protéger mutuellement : des intérêts communs établis par la propriété et ensuite par les liens de la famille les ont rapprochées, et leur réunion a constitué la Nation.

Définissez la Nation.

C'est une grande famille de familles, et notre nation c'est la grande famille de notre famille.

Qu'est-ce que la Patrie ?

Le pays, l'endroit de la terre qui appartient à la Nation ; mais presque toujours on dit Patrie pour notre pays et nos familles qui y vivent. Car c'est dans la Patrie que nos aïeux ont prié, souffert et travaillé pour nous, c'est notre demeure et l'héritage de nos enfants.

Doit-on aimer sa Patrie ?

Patrie est un mot qui signifie père et mère, on doit donc aimer et honorer sa Patrie comme ses père et mère selon le commandement de Dieu.

Qu'est-ce que la Religion ?

C'est la doctrine qui nous enseigne pourquoi

l'homme a été créé et mis au monde, quels sont ses devoirs sur la terre et ce qu'il doit craindre ou espérer après cette vie.

L'homme n'a-t-il que des devoirs ? *N'a-t-il pas de* droits ?

L'homme a d'abord des *devoirs*, et ses *droits* ne sont que la conséquence de ses devoirs.

Faites comprendre par des exemples ce que vous entendez par ces paroles ?

Ainsi Dieu commande d'honorer ses père et mère, c'est là un *devoir* : et les père et mère ont le *droit* d'être honorés par leurs enfants ; de même mon *devoir* est de ne pas dérober le bien du prochain, et mon *droit* est qu'on ne dérobe pas le mien. On peut donc dire que le devoir est la seule cause du droit. PAS DE DEVOIR, PAS DE DROIT.

D'après l'exemple que vous donnez, la Religion règle-t-elle les devoirs et les droits de la famille et ceux de la propriété ?

Oui, la Religion chrétienne a établi les lois inébranlables de la Société, c'est-à-dire les lois de la famille et de la propriété.

Qu'appelez-vous Lois ?

Les règles qui régissent les rapports des hommes entre eux.

Y a-t-il plusieurs Lois ?

On distingue plusieurs espèces de Lois : la *Loi divine* et la *Loi humaine,* qui elle-même se divise en Lois fondamentales et en Lois administratives ; mais en réalité dans la Société chrétienne il ne peut y avoir qu'une seule *Loi.*

Pourquoi dites-vous qu'il ne peut y avoir qu'une seule Loi ?

Parce que dans la Société chrétienne la Loi ne peut être que le développement et la sanction de la Loi divine, sinon la Société ne serait plus la Société chrétienne.

Dans la Société chrétienne doit-on respecter la Loi humaine et lui obéir ?

Oui, en tant que la Loi humaine est le développement de la Loi divine.

Doit-on le même respect et la même obéissance à la loi administrative qu'à la loi fondamentale ?

Oui, tant que la loi administrative n'est pas changée, parce qu'elle règle l'ordre public et la répartition des charges de la Société, et que dans la Société chrétienne la loi administrative doit être établie dans un esprit de vérité, de justice et d'équité et que Dieu est la Vérité, la Justice et l'Equité mêmes.

Ces Lois *ne sont-elles pas des entraves à la liberté de l'homme ?*

Non, elles en sont au contraire la sauvegarde et la garantie.

Développez votre pensée.

La Loi de Dieu garantit et assure la Liberté morale de l'homme, parce que celui qui ne l'observe pas devient l'esclave de ses mauvais penchants et de ses vices, ou, comme le dit N.-S. J.-C., l'*Esclave du péché* : de même la Loi civile garantit et assure la liberté du citoyen, en traçant à chacun son devoir et en l'y contenant, sans quoi le plus faible serait l'esclave du plus fort et le bon l'esclave du méchant.

Qu'est-ce donc que la Liberté ?

C'est l'obéissance à la *Loi*.

N'y a-t-il pas une autre espèce de Liberté ?

Non, on a faussement donné ce nom à la Licence, qui n'est que le mépris des Lois divines et humaines et qui est tout le contraire de la *Liberté* puisqu'elle mène ainsi à l'esclavage.

La Loi est-elle la même pour tous les citoyens ?

Oui, la *Loi* est la même pour tous ; tous les hommes étant égaux devant Dieu, le sont devant la *Loi* qui n'est que le développement des Commandements de Dieu, auxquels tous les hommes sont soumis.

*Qu'est-ce que l'*Egalité ?

C'est l'obligation qu'ont tous les hommes d'obéir à la *Loi.*

Je vois bien l'Egalité des devoirs, mais je ne vois pas l'Egalité des droits ?

L'une entraîne l'autre, car nous savons que le Devoir est la seule cause du Droit.

N'y a-t-il pas une autre espèce d'Égalité ?

Non, car il suffit de regarder pour voir que les hommes ne sont égaux ni en âge, ni en taille, ni en force, ni en intelligence.

Qu'est-ce que la Fraternité ?

C'est cette parenté surnaturelle que J.-C. a établie entre tous les chrétiens en les faisant enfants de Dieu et en les appelant ainsi à la *Liberté* et à l'*Égalité* véritables.

N'y a-t-il pas d'autres espèces de Fraternité ?

Oui, celle qui existe entre les enfants de mêmes parents ou d'une même Patrie, c'est la fraternité du sang ou la fraternité naturelle, mais il ne peut y avoir de vraie fraternité qu'entre les enfants de Dieu, ceux qui obéissent aux *Lois* divines et humaines.

DE LA PROPRIÉTÉ

———

Pourquoi l'homme n'est-il pas resté isolé? Il n'aurait pas eu de droits, mais n'aurait pas eu de devoirs.

Il aurait encore eu le devoir envers Dieu, qui l'a condamné à la *Loi du Travail,* loi à laquelle il ne peut se soustraire.

Qu'est-ce que le Travail?

C'est l'application des facultés de l'homme, c'est-à-dire de son intelligence et de ses forces, à la satisfaction de ses besoins.

Cette Loi s'oppose-t-elle à ce que l'homme vive dans l'isolement?

La Loi du Travail s'y oppose, parce que les besoins de l'homme dans l'isolement sont plus grands que ses moyens d'y satisfaire. — S'il fallait que l'homme préparât tout seul ses vêtements, pourvût à sa nourriture et à son logement, il serait à peine vêtu, peu abrité, très-irrégulièrement et très-insuffisamment nourri ; ses premiers besoins seraient si mal satisfaits que son existence serait compromise.

La vie en Société est-elle donc une des conditions de l'existence de l'espèce humaine ?

Oui, Dieu a fait l'homme pour vivre en Société, allégeant ainsi la Loi du travail, parce que la Société offre aux besoins de l'homme plus de satisfactions qu'il n'en trouve dans l'isolement.

Expliquez votre pensée.

Je dis qu'en Société il est plus facile à l'homme de satisfaire ses besoins que dans l'isolement : ainsi il lui faudra moins de travail pour avoir un pain que s'il était forcé, pour se le procurer, de défricher un champ, d'y semer du blé, de le récolter, de le moudre, de construire un four, de pétrir la farine, de couper du bois pour chauffer le four, et enfin de veiller à la cuisson de son pain. Il en est de même pour les autres besoins de l'homme.

Comment la Société procure-t-elle aux hommes cet avantage ?

En leur permettant de travailler les uns pour les autres, et ainsi le produit du travail de tous les hommes travaillant les uns pour les autres est beaucoup plus grand que le produit de tous les hommes s'ils travaillaient isolément et chacun pour soi.

Pourquoi?

Parce que le travail est partagé, c'est-à-dire que les uns travaillent uniquement à satisfaire tel besoin, les autres tels autres besoins, mais tout cela de façon que tous les besoins de l'homme soient satisfaits ; c'est ce qu'on appelle la *division du travail.*

Développez votre pensée.

La *division du travail* procure plus de satisfactions que le travail isolé, parce qu'un homme qui ne s'applique qu'à une seule chose y devient plus habile, la fait plus vite et mieux que celui qui n'en a pas l'habitude ; il en résulte que la Société possède plus d'objets propres à satisfaire les besoins de l'homme que si l'homme les produisait isolément pour son propre usage.

Cette division du travail a établi des spécialités qu'on nomme *Métiers, Etats* ou *Professions.*

Faites comprendre par des exemples que la division du travail procure aux hommes plus de satisfactions qu'ils ne pourraient s'en procurer par le travail isolé ?

Ainsi un sabotier fera plusieurs paires de sabots dans une journée, tandis qu'il faudrait à un autre homme plusieurs journées pour se fabriquer une

2*

paire de sabots. L'exemple du pain nous le montre plus clairement encore : si un homme voulait faire seul toutes les opérations nécessaires pour avoir du pain, il est bien certain qu'il aurait un pain très-mauvais et en si petite quantité qu'il renoncerait bientôt à la satisfaction de ce besoin. Mais ce besoin de pain étant général, un accord tacite s'est établi entre les hommes. Les uns ont dit : Nous ne ferons que le blé, nous nous char⁻ geons de forcer la terre à nous en donner ; les autres ont dit : Nous écraserons le blé, nous le réduirons en farine ; d'autres se sont chargés de couper le bois ; enfin, d'autres se sont chargés de pétrir la farine et de faire cuire la pâte, et chacune de ces besognes a été bien faite, parce que ceux qui la faisaient en avaient l'habitude et l'expérience, et le pain ayant été partagé entre tous, ils ont eu du pain meilleur, en plus grande quantité et avec moins de travail que si chacun avait essayé de faire son pain.

Vous avez dit que la Société possédait ces objets propres à satisfaire les besoins de l'homme ; est-ce qu'ils n'appartiennent pas à celui qui les a faits ?

Quand on dit que la Société possède ces objets, c'est pour dire qu'ils sont à la disposition des membres de la Société ; mais ils appartiennent à celui qui les a faits, il en a la *propriété*.

Qu'est-ce que la Propriété ?

C'est le *libre* usage et la *libre* disposition que

chacun a des produits de son travail, dans les limites de la *Loi*, car nous savons que l'*observation* de la *Loi* constitue la *Liberté*

La Société peut-elle porter atteinte à la Propriété ?

Non, car en dépouillant quelqu'un du produit de son travail, elle commettrait un vol et en ne lui en laissant pas la *libre* disposition, elle attenterait à la liberté : ce qui est défendu à l'homme est défendu à la Société, qui n'est qu'une réunion d'hommes. Des millions d'hommes n'ont pas plus de droit de violer la Loi divine qu'un seul homme.

Alors comment ces objets sont-ils à la disposition des membres de la Société ?

Par l'échange.

Vous avez dit précédemment que la Société permettait aux hommes de travailler les uns pour les autres ; est-ce le travail qui est l'objet de l'échange ?

Non, c'est le service rendu par le travail, c'est-à-dire que *les services s'échangent contre des services*.

Cependant nous voyons qu'en général ce sont des objets qui s'échangent ?

C'est qu'en général le service est incorporé, caché dans l'objet, et qu'en général aussi on parle par abréviation. Quand on dit que deux objets se valent, cela veut dire qu'ils rendent des services jugés égaux. Mais il y a des services qui s'échangent et qui ne sont pas des objets matériels : ainsi le soldat rend le service de défendre sa Patrie ; le prêtre rend le service de prier pour nous et avec nous, et de nous instruire de nos devoirs ; le médecin rend le service de donner des conseils et des ordonnances pour la conservation de la santé ; ces exemples montrent bien que ce sont les services et non des objets qui s'échangent, et nous voyons aussi tout le contraire : ce sont des objets qui nous sont extrêmement utiles, qui par eux-mêmes nous rendent d'immenses services et qui cependant ne peuvent donner lieu à l'échange ; tels sont l'air, la pesanteur, la lumière et la chaleur du soleil, etc.

Que faut-il donc considérer dans tout objet d'échange ?

Dieu, en nous créant pour vivre sur la terre, y a mis tout ce qu'il nous fallait pour la satisfaction de nos besoins ; c'est là un *don gratuit* que Dieu a fait à tous ; mais à cause de la condamnation au travail, il a voulu que presque rien ne satisfît immédiatement à nos besoins, et l'homme doit tirer du sein de la nature et *s'approprier* ces dons gratuits mais souvent cachés.

Il faut donc considérer dans tout objet d'échange deux choses :

1° Les *dons de Dieu*, que l'on appelle quelquefois *utilité gratuite*, parce qu'ils sont donnés gratuitement à l'homme ;

2º L'*appropriation* de l'objet à un besoin de l'homme ; cette appropriation se fait par le travail, et quelques personnes l'ont appelée *utilité onéreuse.*

Si l'on fait bien attention, on verra que dans tout échange, c'est l'*appropriation* ou le *service rendu* qui seul en fait l'objet, et que le *don de Dieu,* ce qu'on nomme *aptitude naturelle* ou *utilité gratuite,* est donné par - dessus le marché, par surcroît, parce qu'il est le patrimoine de l'humanité, et que Dieu a disposé admirablement les choses pour que personne ne puisse s'en emparer à l'exclusion des autres hommes.

Développez votre pensée par des exemples.

L'air est certainement très-utile ; sans lui la vie n'est pas possible ; Dieu l'a doué d'admirables vertus : c'est là le *don gratuit,* ou l'*utilité gratuite* de l'air ; mais comme personne ne peut respirer pour un autre, c'est-à-dire lui *rendre le service* de respirer pour lui, que l'air est *approprié* naturellement, *gratuitement* à notre besoin, il n'a pas d'*utilité onéreuse* et ne peut faire l'objet d'aucun échange.

Sur le bord d'un ruisseau l'eau n'a pas de valeur, et cependant l'eau est aussi indispensable que l'air lui-même ; ses vertus, ses propriétés, son *appropriation* toute faite à satisfaire le besoin de la soif sont des *dons gratuits de la Providence* qui ne peuvent faire l'objet d'aucun échange, car je n'ai qu'à me baisser pour en jouir. Mais dans un endroit où l'eau manque elle devient objet d'échange, parce que celui qui me l'apporte me rend *service* en m'épargnant la peine d'aller la prendre moi-même ; voilà l'*utilité onéreuse*, l'*appropriation* à mon besoin, le *service rendu* qui seul donne lieu à l'échange.

L'*aptitude naturelle* ou l'*utilité gratuite* n'a donc pas de valeur.

Qu'est-ce que la valeur ?

C'est le résultat de la comparaison de deux services, ce qu'on nomme leur rapport.

La valeur est-elle une chose variable, qui augmente ou qui diminue ?

Oui, la valeur est essentiellement variable.

Le service rendu par une chose, c'est-à-dire son appropriation à notre besoin, peut devenir par l'industrie de l'homme plus facile, et sa comparaison avec un autre *service*, avec une autre *appropriation* qui sera restée fixe, ne donne plus le même résultat ; elle vaut moins par rapport à ce terme de comparaison, et réciproquement le terme de comparaison vaut davantage.

Comment se fait cette comparaison ?

Par une libre discussion entre les parties, les prétentions de l'une sont contenues par les prétentions de l'autre ; chacun tend à exagérer la grandeur du service qu'il offre et à déprécier celui qui lui est offert ; mais le *besoin* de chaque partie les met bientôt d'accord, et si l'échange a lieu on dit que les choses se valent.

La Société peut-elle soumettre l'échange à certaines règles?

Non, car toutes règles seraient contraires à l'intérêt de l'une et souvent des deux parties. L'échange n'existe qu'à la condition d'être *librement* débattu et *librement* consenti. Sinon il n'y a plus échange, mais spoliation, injustice.

La Société ne peut que garantir la liberté et la sécurité des parties en réprimant la fraude et la violence qui sont des atteintes à la Liberté.

Développez par des exemples ce que vous avez dit sur l'échange et sur la valeur?

Je prendrai un exemple très-simple. Un sabotier fait des sabots dans un bois banal; mais il est loin du ruisseau, et pour satisfaire sa soif il lui faut, plusieurs fois par jour, quitter son ouvrage. Un homme qui a besoin de sabots vient lui offrir de l'eau; si le sabotier trouve qu'il lui est plus avantageux de donner ses sabots que d'aller chercher de l'eau, et si le porteur d'eau trouve plus avantageux de donner son eau que de marcher nus-pieds, le marché se débat sur les quantités et il est bientôt conclu. Le service que rend le sabotier au porteur d'eau et celui que le porteur d'eau rend au sabotier ayant été jugés égaux par l'un et par l'autre, ils diront qu'une paire de sabots vaut, pour eux, tant de litres d'eau.

Cet exemple montre bien que les services s'échangent contre des services et que le porteur d'eau ne songe pas à tirer avantage de la vertu de l'eau de désaltérer *(don gratuit)*, il ne s'agit que de la peine d'aller la prendre épargnée au sabotier qui, de même, dans l'échange, ne peut faire valoir que la peine qu'il a eue à fabriquer des sabots.

Quelle est la limite de l'échange?

C'est lorsque l'une des parties n'y trouve plus son avantage et qu'il lui est aussi pénible de satisfaire directement, par son propre travail, le besoin dont elle cherchait la satisfaction par l'échange ou de s'en passer. Si le sabotier élève trop haut ses prétentions, le porteur d'eau pensera qu'il lui est plus avantageux de continuer à marcher nus-pieds, ou de faire lui-même ses sabots ; de même si les prétentions du porteur d'eau sont trop élevées le sabotier continuera à aller lui-même chercher de l'eau et le marché ou l'Échange n'aura pas lieu.

L'Échange est-il donc avantageux aux deux parties qui le font?

Oui, l'Échange est avantageux aux parties qui le font, il ne faut jamais l'oublier. Le sabotier trouve son avantage à donner des sabots pour qu'on lui porte de l'eau, et le porteur d'eau trouve avantageux aussi de donner son eau pour avoir des sabots.

L'Échange est-il toujours aussi simple ?

Non, car les objets ou plutôt les services échangés peuvent ne pas s'appliquer directement aux besoins des personnes qui les échangent.

Il y a l'Échange simple, ou le *troc*, et l'Échange composé, ou le *négoce*, qui est basé sur cette vérité que deux choses qui en valent une troisième se valent entr'elles.

Expliquez l'Échange composé ?

Reprenons l'exemple précédent : Le porteur d'eau à force de porter de l'eau au sabotier finit par avoir plus de paires de sabots qu'il n'en a besoin, mais il a d'autres besoins que celui de ne pas marcher nus-pieds ; supposons qu'il ait besoin d'une casquette ; si le chapelier n'a pas besoin d'eau, il lui offrira des sabots, et s'il en a besoin le débat aura lieu comme précédemment et l'Échange se fera.

Mais si le chapelier n'a pas besoin de sabots, que fera le porteur d'eau ?

Il faudrait d'abord qu'il connût les besoins du chapelier et qu'il courût tout le pays pour trouver quelqu'un qui voulût bien échanger contre des sabots ce qui peut satisfaire le chapelier ?

Est-ce que les choses se passent ainsi ?

Non.

Pourquoi ? — Comment se passent-elles ?

Il y a des objets auxquels le consentement universel des hommes dans tous temps et dans tous les pays ont attribué de la valeur, c'est-à-dire que les hommes ont toujours pensé que ces objets leur étaient utiles pour diverses causes, et comme ils sont difficiles à trouver et pénibles à extraire, on leur a attaché une *utilité onéreuse* considérable.

Ces objets sont les métaux : l'or et l'argent.

Vous avez dit que les services s'échangeaient contre des services ; quel service ont donc rendu ou rendent ces métaux pour devenir un objet d'Échange ?

En dehors des premiers besoins de se nourrir et de s'abriter qui sont généraux à toutes les créatures, l'homme a d'autres besoins qui naissent de ses désirs ; il est dans la nature de l'homme de désirer sans cesse ici-bas ; à peine la satisfaction d'un besoin est-elle assurée, que d'autres désirs lui créent d'autres besoins. Aussi l'homme n'eût pas plutôt pourvu à ses premiers besoins matériels, qu'il eût le désir d'embellir sa demeure, d'orner ses vêtements et ceux des personnes qu'il aimait, enfin de se distinguer de ses semblables.

L'or et l'argent brillent et sont presqu'inaltérables, ils étaient pour cela très-propres à satisfaire ce besoin d'ornementation et ils ont été appliqués, aussitôt après la chute originelle, à la décoration des temples, à l'illustration des demeures et des personnes ; ces métaux sont ainsi devenus un signe de richesse, et leur possession a été bientôt convoitée par tous les hommes.

Vous dites que les métaux sont devenus un signe de richesse ; qu'est-ce que la Richesse ?

C'est l'abondance des choses qui satisfont aux besoins de l'homme.

Ces métaux sont devenus un signe de richesse, parce que ceux qui avaient plus de choses qu'il ne leur en fallait pour satisfaire à leurs premiers besoins, ont échangé ce superflu contre de l'or et de l'argent.

Ce besoin d'or et d'argent, ou autrement ce besoin de briller n'est-il pas une mauvaise chose ?

Non. Ce besoin n'est par lui-même ni bon ni mauvais, car il n'est pas contraire à la Loi de Dieu.

En général, un besoin ou un désir est mauvais et doit être réprimé quand il est contraire à la Loi, ou que les moyens qu'il faudrait employer pour le satisfaire sont aussi contraires à la Loi.

Ces désirs, ces besoins qui naissent les uns des autres, les uns après les autres et sans fin dans le cœur de l'homme sont un des caractères de sa grandeur et de sa misère ; c'est un des motifs de son activité ; sans cet aiguillon, il resterait à ne rien faire aussitôt que ses plus grossiers besoins seraient satisfaits.

La richesse, dites-vous, est l'abondance des choses qui satisfont aux besoins ; l'or et l'argent ne satisfont qu'un vain désir de briller. Pourquoi dit-on qu'un homme est riche quand il possède beaucoup d'argent ?

Parce que l'or et l'argent étant convoités par tous les hommes, celui qui en possède beaucoup peut les échanger contre toutes les satisfactions de ses besoins ; mais on voit bien que l'or et l'argent ne sont que le signe de la richesse, car dans un désert un homme qui posséderait beaucoup d'or et d'argent serait pauvre, puisqu'il manquerait de tout ; il ne pourrait échanger son or et son argent contre ce dont il aurait besoin. De même le sabotier dans la forêt serait riche en sabots et pauvre en toutes autres choses s'il ne trouvait à échanger ses sabots contre les objets dont il aurait besoin.

Comment l'or et l'argent aident-ils à l'échange ?

Ils ont été divisés en petits lingots ayant des poids et des formes déterminés appelés *monnaies*, et comme ils sont presqu'inaltérables et inusables ils ont servi de mesure à la valeur. Ils sont devenus une *commune mesure.*

Ainsi, dans l'exemple précédent, lorsque le sabotier est pourvu d'eau et que le porteur d'eau est pourvu de sabots, si tous deux ont trouvé leur avantage à continuer ensemble leurs échanges, le sabotier a pu dire : Je donnerai une paire de sabots pour tel poids d'argent, et le porteur d'eau a pu dire : Je ne donnerai que tel autre poids d'argent pour une paire de sabots ; le débat s'est alors établi sur cette quantité d'argent, et quand il a été conclu ils ont pu dire : La paire de sabots vaut par exemple : 5 grammes d'argent.

La valeur d'un objet est donc ce qu'il vaut d'argent ?

Oui, en ce sens que le service rendu par celui qui échange un objet contre de l'argent ne vaut que le service qu'il peut se faire rendre pour l'argent qu'il a reçu.

L'argent ou la monnaie n'a donc pas de valeur absolue ?

Il n'existe pas de *valeur absolue* puisque la valeur est un rapport, le résultat d'une comparaison. Une chose en vaut ou n'en vaut pas une autre, mais elle ne *vaut* pas toute seule.

Cependant 5 grammes d'argent, par exemple, seront toujours 5 grammes d'argent.

Certainement, mais ils peuvent *valoir* plus ou moins de services, c'est-à-dire que leur *valeur* peut changer. Ainsi supposons pour un moment que la quantité de métaux précieux qui existe dans le monde vienne à être doublée tout à coup sans que la quantité des autres objets propres à satisfaire nos besoins ait changé, est-ce que la *Richesse générale* serait doublée ? Non, seulement il faudrait donner deux fois plus d'argent qu'aujourd'hui pour se procurer la même satisfaction. Un franc serait toujours un franc, mais il *vaudrait deux fois moins* de services. Si au contraire, sansque la quantité d'argent existant aujourd'hui augmentât, tous les autres objets devenaient subitement deux fois plus abondants, on en obtiendrait deux fois plus pour la même quantité d'argent qui *vaudrait alors deux fois plus*.

- Est-on obligé de se faire rendre de suite par quelqu'un le service représenté par l'argent reçu en échange ?

Non; par le consentement universel dans tous les temps et dans tous les pays, l'argent représentant un service, on peut réclamer le service qu'il représente dans un autre pays ou dans un autre temps, c'est-à-dire ailleurs et longtemps après.

Ce dernier point constitue l'*Epargne*, qui a donné naissance au Capital.

Qu'est-ce qu'épargner ?

C'est différer de réclamer à la Société un service auquel a donné droit un autre service que l'on a rendu à quelqu'un. Or, la monnaie se conservant presqu'indéfiniment, le service que représente la monnaie se conserve avec elle et constitue l'*Epargne* : la monnaie n'en est que le signe et le gage.

Pourquoi dites-vous réclamer à la Société, car c'est à quelqu'un qu'on a rendu service et non à la Société tout entière ?

Je dis à la Société parce que la monnaie me

permet de demander, à un membre de la Société que je n'ai pas besoin de connaître, un service égal à celui que j'ai rendu à un autre membre de la Société.

L'Epargne est-elle une bonne chose ?

Oui, l'Epargne est une excellente chose : celui qui épargne se rend service à lui-même d'abord, et plus tard à la Société.

Pourquoi se rend-il service à lui-même ?

Parce que celui qui épargne, c'est-à-dire qui ne réclame pas *de suite* à la Société tous les services auxquels lui donnent droit les services qu'il rend actuellement, pourra les réclamer quand la maladie ou la vieillesse ne lui permettront plus de travailler, c'est-à-dire de rendre des services.

Pourquoi dites-vous qu'il rend plus tard service à la Société ?

Il rend un premier service gratuit à la Société en lui faisant crédit, c'est-à-dire en lui donnant du temps pour s'acquitter envers lui, pour lui rendre les services qu'il a rendus.

Il rend ensuite un service utile en transformant son *Epargne* en *Capital*.

Ainsi l'homme qui accumule argent sur argent, qui le retire de la circulation, ce que le monde nomme un avare, rend un service à la Société ?

On a tort d'appeler avare un homme prévoyant

et économe : le péché capital de l'*Avarice* n'a rien de commun avec l'*Economie* et la *Prévoyance* qui sont des vertus. Mais l'homme économe et prévoyant rend service à la Société en lui faisant crédit, et l'argent retiré pour un temps de la circulation ne diminue en rien la Richesse publique, car nous savons que l'argent n'est que le signe de la Richesse et non pas la Richesse elle-même.

Si celui qui épargne rend service à la Société, pourquoi avez-vous dit que ce service était gratuit ?

Le service équivalant à l'épargne simple n'a pas lieu : nous savons tous qu'un sac d'écus enfermé dans un tiroir ne produit pas d'autres écus ; ce service ne peut être que gratuit, parce que la Société n'a pas exigé l'Épargne ; elle laisse l'homme libre de la faire et tient à sa disposition, *en tous lieux et à tous moments*, les services représentés par son Epargne ; il n'y a donc pas échange consenti par les deux parties ; l'Epargne ne devient un service méritant rémunération que lorsqu'elle s'est transformée en Capital.

Qu'est-ce que le Capital ?

C'est un instrument de Travail, et par instrument de travail il faut entendre non seulement la matière et l'outil du travail, mais encore les avances de toutes sortes nécessaires à la production ; il facilite le travail de l'homme, et par suite la satisfaction de ses besoins. Il rend donc un service qui lui donne droit à un autre service équivalent.

Le Capital n'est-il avantageux qu'à celui qui le possède?

Le Capital est d'abord justement avantageux à celui qui l'a formé, mais il est surtout avantageux à tous les membres de la Société, parce qu'il a pour second effet de diminuer la valeur des objets qu'il met à la disposition des hommes.

Comment peut-il être avantageux à l'un et avantageux aux autres? Est-ce que ces deux intérêts ne sont pas contraires?

Non, ils sont d'accord et tout se passe selon la justice quand la liberté seule préside aux transactions. Le propriétaire du capital, l'auteur et le maître de l'instrument de travail, est d'abord justement rémunéré et voici comment : l'instrument créé par son industrie, lui permet de faire plus facilement, plus vite, mieux, tel objet qui satisfait à un besoin des membres de la Société ; sa peine est diminuée par son instrument de travail ; la difficulté *d'appropriation*, l'*utilité onéreuse* de l'objet est devenue plus petite, la valeur en a donc diminué aussi ; cependant le propriétaire de l'instrument lui attribue la même valeur d'échange que précédemment, et c'est là qu'il puise sa juste rémunération ; mais elle a bientôt un terme et le *service rendu — utilité onéreuse —* n'est plus payé qu'à sa juste valeur.

Comment le Capital, après qu'il a été justement

rémunéré, est-il amené à se contenter de ne plus faire payer aux hommes que *l'utilité onéreuse qui reste*, c'est-à-dire à baisser le prix de ses produits ?

Par la *Concurrence* : l'appât de la rémunération excite d'autres capitaux à se transformer en instruments de travail semblables ; les produits deviennent plus abondants, et pour les écouler il faut en baisser le prix, jusqu'à ce qu'il ne soit plus que *l'exacte rémunération du travail* ; c'est-à-dire de la difficulté vaincue pour l'appropriation de l'objet au besoin de l'homme.

Quel est le résultat final du Capital ?

Le Capital diminue la peine prise pour approprier une chose aux besoins de l'homme, *l'utilité onéreuse* de cette chose et sa valeur sont donc moindres ; mais l'utilité absolue, totale de cette chose est restée la même ; il faut en conclure que *l'utilité gratuite*, c'est-à-dire le *don de Dieu*, a été augmentée par l'effet du Capital, et c'est l'humanité qui en profite et pour toujours.

Faites comprendre par un exemple ce que c'est que l'Epargne et le Capital.

Reprenons l'exemple du sabotier et du porteur d'eau. Nous avons vu comment le troc qu'ils faisaient ensemble s'était changé en un marché, grâce à la monnaie. Or, le porteur d'eau, à force de porter de l'eau au sabotier et en vivant avec économie, est parvenu sou à sou à posséder une somme de 100 francs. Tant qu'elle reste dans sa poche, elle constitue son *Epargne* ; mais le porteur d'eau a réfléchi que si, au lieu de porter l'eau sur son dos, il avait une petite voiture à bras et un tonneau il pourrait porter plus d'eau dans la forêt et en vendre à tous les sabotiers, car il a remarqué qu'il était plus facile de faire rouler un fardeau que de le porter ; il y aurait donc grand profit pour lui. Aussitôt fait que dit, il achète voiture et tonneau, et grâce à son épargne il possède ainsi un instrument de travail qui va lui permettre de doubler, tripler sa clientèle. Sa voiture et son tonneau voilà son *Capital*, qu'il a créé par son *Epargne* et par son *Intelligence.*

Le Capital n'est donc pas uniquement créé par l'Epargne ?

Non, nous avons vu que l'Epargne seule était stérile ; il faut, pour qu'elle puisse devenir productive, que l'intelligence la transforme en instrument de travail.

Comment, dans l'exemple, le Capital sera-t-il rémunéré et comment l'industrie du porteur d'eau finira-t-elle par profiter aux sabotiers ?

Avec le même travail ou la même fatigue, le porteur d'eau pourvoira aux besoins de plusieurs sabotiers et, vendant l'eau aussi cher, il aura plus de profits, voilà la juste rémunération de son industrie, de son épargne employée avec intelligence ;

il n'y aurait aucun avantage pour les sabotiers, si le prix de l'eau restait toujours le même; mais au bout d'un temps, d'autres hommes remarquent les profits du porteur d'eau et consacrent comme lui leur épargne à l'achat d'une voiture et d'un tonneau ; ils vont trouver les sabotiers et, pour les décider à prendre leur eau, ils l'offrent à meilleur marché que le premier porteur d'eau qui, par la même raison, baisse aussi son prix, et le prix de l'eau finit par diminuer, jusqu'à ce qu'il ne soit plus que la *juste rémunération du service rendu.*

Ainsi le porteur d'eau a fait un grand et légitime profit d'abord, mais ce gain a diminué par l'effet de la *Concurrence,* jusqu'à n'être plus que l'exacte rémunération de son service. Les sabotiers en ont alors profité, en ayant plus d'eau à leur disposition ou de l'eau à meilleur marché. Il y a donc eu d'abord profit de l'un sans dommage pour les autres, et profit des autres ensuite sans dommage pour le porteur d'eau.

Il semble que la Concurrence, très-profitable aux sabotiers, sera très-préjudiciable au porteur d'eau, si elle se produit trop tôt ?

Sans doute; mais il est dans la nature de la Concurrence de ne se produire que lorsqu'il lui est bien prouvé que le service qui fait son but est profitable à celui qui le rend; elle ne peut donc se produire que lorsque le porteur d'eau aura fait des profits, et ces profits sont précisément la *juste rémunération* que mérite son industrie.

Vous avez dit que la Richesse était l'abondance des choses qui satisfont aux besoins de l'homme, comment se produit la Richesse ?

Nous avons vu que l'Epargne seule était inerte ; elle ne peut concourir à la production des objets nécessaires qu'en se transformant en Capital, c'est-à-dire en instruments de travail, en outils, matières, etc. Mais l'outil qu'on laisse dans un coin ne produit pas plus qu'un sac · d'écus dans une armoire. Le travail seul ne produit pas davantage : sans outils il est presque impuissant ; que ferait un laboureur sans avances de grains ou sans charrue ? Et sans l'Intelligence le travail n'est plus qu'une vaine agitation : un homme qui s'épuiserait à remplir un tonneau sans fond ou à remuer sans but un fardeau, ne produirait pas plus que l'écureuil qui tourne sa cage. L'Intelligence seule est aussi impuissante ; c'est bien elle qui imagine les outils, les manières de les employer, mais sans la force et sans l'épargne ce qu'elle a imaginé reste à l'état de rêve, de pure conception, sans effet utile pour la satisfaction de nos besoins.

La Richesse est donc produite par le concours du *Capital* qui fournit la matière et l'outil du

Travail qui les emploie dans un but fixé par l'*In-telligence* (1).

Est-ce que le Capital, le Travail et l'Intelligence méritent également une rémunération ?

Oui, car tous les trois concourent à produire une chose utile, à rendre un service, et tout service en vaut un autre.

La rémunération sera-t-elle égale à chacun d'eux ?

Non, elle sera proportionnée au concours de chacun d'eux à la production en vue de laquelle ils se sont réunis.

Comment s'établit cette proportion ?

Par le libre débat entre les parties, absolument comme dans l'Échange.

La Société peut-elle régler cette proportion ?

La Société ne peut pas plus intervenir dans ce débat que dans celui de l'Échange, sinon elle détruit la Liberté et tarit les sources de la production, c'est à-dire de la richesse.

---

(1) Dorénavant quand nous dirons travail il faudra entendre le travail proprement dit, c'est-à-dire le travail physique et non le Travail tel qu'il a été défini plus haut, qui est l'application de toutes les facultés de l'homme à la satisfaction de ses besoins.

*Comment la Société, en réglant la part de rémuné-
ration qui revient au Capital, au Travail et à l'Intelligence, détruirait-elle la Liberté et tarirait-elle les
sources de la Richesse ?*

Si la Société s'arrogeait ce droit, elle blesserait
certainement l'équité et en supposant qu'elle ne
la blessât pas, il suffit que l'une des parties se croie
blessée pour refuser son concours ; aucune force
humaine n'est capable de l'y contraindre.

La Société prétendrait-elle limiter la part qui
revient au *Capital* ? Si celui-ci ne la trouvé pas
équitable il disparaît, et l'épargne reste l'épargne
sans que rien puisse la forcer à se transformer en
instrument de travail.

Si la Société imposait des règles au *Travail*,
celui-ci peut se trouver mal rémunéré et refuser
son concours ; que si elle prétend le contraindre,
la Liberté est détruite et le travailleur n'est plus
qu'un esclave.

Si elle prétendait régler le concours de l'*Intelligence*, celle-ci resterait inactive dès qu'elle juge-
rait sa part insuffisante ; c'est l'Intelligence surtout qui échappe à la violence et à la servitude.

La Société ne possède aucun titre, aucune lumière particulière, aucun moyen raisonnable
pour intervenir dans les libres débats des hommes entre eux.

*Comment se fait le partage du profit entre le Capital,
le Travail et l'Intelligence ?*

Ce partage se fait de deux manières principales
dont les combinaisons forment toutes les autres ;

1° Pour le Capital, le Travail et l'Intelligence,
au moyen de parts librement débattues du profit
tel quel ; c'est le principe de l'*Association*.

2° Par des parts fixes qui sont :

Pour le *Capital*, une part fixe annuelle librement
débattue nommée *Intérêt*, et la restitution du
Capital ou de l'Epargne après un temps déterminé ;

Pour le *Travail*, par une part fixe quotidienne
librement débattue et nommée *Salaire* ;

Pour l'*Intelligence*, par une somme une fois
payée et librement débattue nommée *Honoraires*,
ou par un salaire ;

Quelquefois l'Intelligence se confond avec le Capital, d'autres fois avec le Travail, et dans ce cas
sa rémunération sans cesser d'exister se confond
souvent avec celle du Capital ou du Travail.

Il arrive aussi que le Capital et l'Intelligence
s'associent, et que le Travail préfère le salaire ;
enfin les capitaux peuvent s'associer entre eux
seulement, comme le font quelquefois les travail-
leurs qui entreprennent à leurs risques et périls
un ouvrage à prix débattu et convenu.

Mais quelle que soit la combinaison qui préside
au partage du bénéfice, le Capital, *qu'il le veuille*

ou non, supporte les mauvaises chances de l'opération, *responsabilité* à laquelle peuvent échapper le *Travail* par le salaire et l'*Intelligence* par le salaire ou les honoraires.

La stipulation de l'Intérêt et de la restitution de l'Epargne ne mettent-elles pas le Capital à l'abri ?

Non, car l'opération à laquelle ont concouru le Capital, le Travail et l'Intelligence peut être mal conçue ou devenir improductive par des causes indépendantes de ces trois agents de la production, alors les matières et l'outil du travail deviennent moins utiles, leur valeur diminue avec leur utilité, et quand ils ne produisent plus de bénéfices, le payement de l'Intérêt et la reconstitution de l'Epargne devient impossible, quelles que soient les stipulations du Capital, qui cherche toujours mais en vain à se garantir des chances aléatoires. Il ne peut se soustraire à cette Loi providentielle qui l'oblige à rendre des services pour exister, en un mot, à être utile à l'humanité ou à s'évanouir.

Le partage par Association n'est-il pas plus équitable que tous les autres moyens de partage ?

Au premier abord cela paraît ainsi ; mais si l'on fait attention, on reconnaît qu'ils sont aussi justes et aussi équitables, et que l'homme les trouve en général plus avantageux.

Nous avons vu que la *Prévoyance* était une vertu nécessaire à la formation de l'épargne ; la fixité d'un profit permet non seulement de former l'épargne, mais encore d'en disposer à l'avance, tandis que le partage de profits aléatoires laisse trop de choses à l'inconnu. L'homme préférera le le plus souvent un profit médiocre mais certain et régulier à des chances qui peuvent tout aussi bien lui donner de cruelles déceptions que de grands profits.

C'est ce même principe de Prévoyance qui a fait, en général, préférer par le travailleur un salaire fixe mais régulier, à tout autre mode de rémunération.

Comment légitimez-vous la restitution du Capital, car le Capital est un instrument de travail et tout instrument de travail s'use, se détériore et périt comme toutes choses ?

Pour parler exactement on devrait dire non pas la restitution du Capital, mais la reconstitution et la restitution de l'Epargne, qui s'est transformée en instrument de travail. Cette reconstitution, au lieu de se faire par les soins du capitaliste, se fait en général par les soins des autres parties qui concourent à la production ; mais ce n'est qu'une convention qui n'altère en rien l'équité du partage, car cette reconstitution est toujours faite par des prélèvements sur la part fixe des profits assignée au capitaliste.

Celui-ci, au lieu de courir des chances, préfère une petite part fixe et le retour de son épargne après un temps déterminé, et les autres parties, gardant toute la part qui revient au Capital, évaluent qu'elles ont avantage à donner, en échange de cet abandon, telle partie fixe de cette part et à en consacrer telle autre à la reconstitution du Capital prêté. Mais on ne saurait trop le répéter et se pénétrer de cette vérité, que l'Epargne n'est *reconstituée que sur la part qui reviendrait au Capital dans le partage des profits.*

Développez votre pensée par des exemples.

L'exemple du porteur d'eau nous servira encore. Supposons donc qu'ayant imaginé sa voiture et son tonneau pour porter rapidement beaucoup d'eau aux sabotiers, le porteur d'eau ne possède pas l'Epargne, c'est-à-dire les 100 francs nécessaires pour se les procurer. Il faudra pour réaliser son idée que quelqu'un les lui prête. Cette personne lui rend service en se privant en sa faveur des satisfactions que représentent ces 100 francs ; elle a donc droit à une rémunération : service pour service. Or, le porteur d'eau peut lui dire : « Prê-
» tez-moi les 100 francs dont j'ai besoin pour réa-
» liser mon idée qui donnera de grands bénéfices,
» et nous partagerons le profit tant que dureront
» la charrette et le tonneau. » Le capitaliste examine l'affaire, pèse les chances favorables et défavorables, et s'il consent au partage proposé il devient *l'associé* du porteur d'eau et court ses chances bonnes ou mauvaises.

Faites comprendre par un exemple l'équité du second mode de rémunération du Capital : une part fixe nommée Intérêt et la restitution du Capital.

Il peut se faire que le capitaliste ne veuille pas courir ces chances et qu'il tienne ce discours au porteur d'eau : « L'idée est bonne ; mais si l'année » est pluvieuse, adieu les profits ; les sabotiers » recueilleront l'eau du ciel ; il est vrai que s'il y » a de la sécheresse les profits seront considéra- » bles ; il me faudra aussi suivre vos opérations, » vérifier vos comptes, etc. ; je ne veux pas courir » ces chances et avoir tout ce tracas. Les bénéfices » peuvent bien aller à 50 francs par an, et ma part » serait de 25 francs ; je n'en demande pas tant : » donnez-moi chaque année une somme fixe de » 6 francs, et au bout de 10 ans vous me rendrez » mon épargne, ces 100 francs que je consens à » vous prêter. » Le porteur d'eau calcule si ce marché lui est avantageux, et voici quel sera son raisonnement : « Il me demande 6 francs d'inté- rêts et son capital au bout de 10 ans ; ainsi c'est encore 10 francs par an qu'il faut que je lui réserve : en résumé, il me demande 16 francs par an pendant 10 ans, au bout desquels je ne lui devrai rien ; la charrette, le tonneau et tous les profits qu'ils pro- curent seront à moi. Or, je suis sûr que les profits peuvent bien aller à 50 francs bon an mal an, de sorte qu'en prélevant 16 francs pour le capitaliste, il me restera encore 34 francs ; j'aime mieux cela que de partager. »

Mais on voit bien que les 16 francs qui sont attribués au Capital ne sont que sa part fixe dans le bénéfice : les 100 francs que le porteur d'eau rendra au bout de 10 ans ne sont composés que de 10 fois 10 francs *prélevés et épargnés par ses soins sur les 16 francs, part fixe du Capital dans l'entreprise.* Le capitaliste aurait aussi bien pu lui dire : « Donnez-moi 16 francs pendant 10 ans et nous » serons quittes ; je reconstituerai moi-même mon » Epargne. »

Ce soin laissé à l'emprunteur de reconstituer l'Epargne est tout à son avantage, car il compense les mauvaises années par les bonnes et *jouit de l'Epargne* au fur et à mesure qu'elle se reconstitue, jusqu'à l'époque convenue pour la restitution.

Prouvez encore par un autre exemple la légitimité de l'Intérêt et de la restitution du Capital.

On verrait plus clairement encore la légitimité de la restitution de la chose prêtée, c'est-à-dire du capital, si le porteur d'eau s'était adressé à un charron au lieu de s'adresser à un capitaliste : le charron, en prêtant voiture et tonneau, fut devenu l'associé du porteur d'eau s'il eût consenti au partage des bénéfices tels quels. Mais le charron eût pu décliner ce partage pour les mêmes raisons que le capitaliste et dire au porteur d'eau : « Je me prive en ta faveur des services que peu » vent me rendre ma charrette et mon tonneau, tu » me dois un service en échange de celui que je te

» rends, et je l'évalue à 6 francs par an. Mais quand
» tu me rendras ma charrette et mon tonneau tu me
» les rendras dans le même état où je te les prête
» aujourd'hui ; tu les entretiendras, tu les répare-
» ras s'ils viennent à s'user ou à se détériorer par
» l'usage que tu en feras.» Cette condition est de
toute justice, mais on voit bien qu'elle n'est en réalité que la restitution du Capital, que le porteur d'eau
aura *à prélever sur tous les profits qui lui sont aban-
donnés* par le charron, d'abord 6 francs, loyer de la
charrette et du tonneau, et ensuite *tous les frais
d'entretien, de reconstruction* des objets qui ont été
prêtés.

Qu'est-ce que l'Amortissement ?

C'est, dans la part fixe qui revient au Capital, la
partie mise en réserve pour reconstituer l'Epargne ; ainsi les 16 francs qui reviennent au Capital
se décomposent en 6 francs d'intérêts et 10 francs
d'amortissement.

Qu'est-ce que le Crédit ?

C'est la confiance que l'on a dans quelqu'un
qu'il fera honneur à ses engagements. Ainsi si le
capitaliste a confiance dans l'activité, l'intelligence,
l'honneur et la bonne conduite du porteur d'eau
il lui prêtera 100 francs, il lui en fera *Crédit*, parce
qu'il est assuré que l'entreprise sera bien menée,
que les profits n'en seront pas dissipés, qu'il sera
payé régulièrement selon les conventions faites

entre eux ; sinon il ne prêterait rien ou prêterait à des conditions plus dures, à raison des chances qu'il croirait courir.

Comment s'obtient le Crédit ?

Par la vertu, l'obéissance aux Lois, par l'honneur et la bonne conduite.

Les nations ont-elles besoin de Crédit ?

Oui, une nation peut avoir besoin d'emprunter pour faire des choses d'utilité générale et que ne peuvent entreprendre les particuliers ; ainsi les routes, les canaux, les ports, les travaux de défense de la Patrie, etc. Mais une nation est soumise aux mêmes conditions de crédit qu'un simple particulier, car une nation, pas plus que le porteur d'eau, ne trouve facilement des capitaux ou des instruments de travail si elle n'inspire pas aux capitalistes la confiance qu'elle fera honneur à ses engagements ; il lui faut, comme au porteur d'eau, la vertu et l'honneur pour trouver du crédit, et comme une nation n'est qu'une réunion d'hommes, il s'en suit qu'elle ne peut avoir ni vertu, ni honneur, ni crédit si ses citoyens n'en ont pas. Nous devons donc aimer la *Loi* et lui obéir si nous aimons notre Patrie et si nous voulons qu'elle soit honorée.

DE LA PROPRIÉTÉ FONCIÈRE

Si l'instrument prêté était tel qu'il ne pût ni s'user ni se détériorer, est-ce que l'Intérêt et l'Amortissement seraient légitimes ?

L'Intérêt serait toujours légitime, puisque l'instrument ne servirait pas à celui qui l'aurait fait et qui se serait dessaisi de ses services en faveur d'un autre.

L'Amortissement n'aurait plus de raison d'être, puisque la restitution de l'objet inaltérable suffirait pour dégager l'emprunteur.

Mais il n'y a aucun instrument de travail et, dans l'Univers, aucune chose appropriable aux besoins de l'homme, qui ne soient sujets à la détérioration, à l'usure, au dépérissement, car il n'est pas dans la nature de l'homme périssable de faire des choses impérissables ; l'homme passe et avec lui toutes les choses passeront. Il n'y a donc pas de choses utiles, de capital ou d'instrument de travail qui puisse être prêté sans intérêt et sans que la condition d'entretien ou reconstitution ne soit exprimée ou sous-entendue.

Un champ est-il un instrument de travail ?

Oui, un champ et, en général, ce qu'on appelle la propriété foncière, est un instrument de travail. Comme tel il donne droit à un intérêt légitime et à son entretien par celui à qui il a été prêté ou loué, car la propriété foncière, comme tout autre instrument de travail, s'use et se détériore.

Si la terre était un instrument de travail fait par l'homme on comprendrait qu'elle pût rapporter un intérêt, mais elle n'est pas l'ouvrage de l'homme, elle a été donnée gratuitement à l'humanité.

C'est que l'on confond trop souvent la terre brute, la croûte solide du globe, avec un champ. Certes la terre et tout ce qu'elle renferme est un don gratuit de Dieu comme l'air, l'eau, la chaleur, la lumière des astres, mais la terre elle-même et presque rien de ce qu'elle renferme n'est complètement appropriée à nos besoins. Il faut que l'homme travaille pour s'approprier ces dons gratuits mais cachés dans la terre ; c'est la parole de l'Ecriture : La terre ne produira pour toi que des ronces et des épines et tu gagneras ta vie à la sueur de ton visage.

Si la terre ne satisfait pas directement à nos besoins, elle peut devenir un moyen de les satisfaire ; c'est cette *appropriation* de la terre à produire les choses nécessaires à l'homme, au lieu de ronces et d'épines, qui en fait un instrument de travail.

Mais enfin comment un homme a-t-il pu se dire propriétaire d'une partie de la terre, puisque la terre est le bien commun, l'habitation de tous les hommes ?

Il a eu ce droit de la même manière que celui qui trouve un caillou, y perce un trou et l'emmanche d'un morceau de bois a le droit de se dire propriétaire de ce marteau : dans cet outil il a pour ainsi dire incorporé son travail et a le droit de s'en servir sans qu'un autre puisse y prétendre, car il lui dirait avec raison : « Fais comme moi, ou si tu veux mon marteau rends-moi un service équivalant à celui que je te rendrai en te donnant mon marteau. » De même, l'homme qui le premier a remarqué que quelques plantes utiles, mais disséminées et comme perdues au milieu de la nature sauvage et révoltée, seraient plus faciles à recueillir et produiraient davantage, s'il les réunissait dans un lieu débarrassé de ronces et d'épines, cet homme s'est dit justement et a été reconnu propriétaire de ce lieu qu'il avait préparé. Il a dû, en effet, arracher toutes les mauvaises plantes, extirper les racines, défoncer le terrain, le déssécher s'il était trop humide, y amener les eaux s'il était trop sec, amender le sol, l'ameublir, etc., et le préparer ainsi à recevoir les plantations ou les semences qu'il jugeait utiles. On voit bien que cette terre est devenue un instrument de travail produit par le Travail lui-même et l'Intelligence, qui s'y sont incorporés comme ils l'étaient dans le caillou transformé en marteau. Il a forcé la terre à devenir son instrument, et c'est cet effort qui est sa propriété. Si quelqu'un lui avait dit : « Donne-moi ce champ, car la terre est à tout le monde, » il lui aurait justement répondu : « Fais comme moi, prends de la terre ailleurs, défonce-la, défriche-la et tu seras comme moi maître d'un champ. Sinon, rends-moi toute la peine que j'ai prise pour faire ce champ, les journées que j'y ai employées, les outils que j'y ai usés. *Mon champ ne vaut que par cela,* c'est mon instrument, mon outil que j'ai fait par mon travail et mon industrie. »

Ce qui trompe dans cette question, c'est qu'un champ n'est pas mobile comme un marteau, et qu'on ne peut l'emporter, mais la mobilité d'une chose n'est pas ce qui la fait propre à devenir un instrument de travail. La terre et la charrue du laboureur sont pour lui ce que sont l'enclume et le marteau pour le forgeron (1).

---

(1) Dans les pays peu habités où la Société est pour ainsi dire en formation, nous voyons encore de nos jours

On comprendrait encore que si la terre était indéfinie comme l'air, l'eau, la chaleur, quelqu'un pût s'emparer d'une de ses parties sans faire tort aux autres hommes puisqu'il y en aurait pour tout le monde, mais il n'en est pas ainsi?

C'est précisément parce que la terre est bornée qu'elle peut devenir un instrument de l'homme et par conséquent une propriété. L'homme étant un être borné, son action ne peut s'exercer que sur des choses bornées. Aucun des instruments de travail n'est sans bornes. Est-ce que le fer qui sert à fabriquer tant d'outils est en quantité sans bornes sur la terre? Est-ce qu'il ne fait pas partie de la terre, notre domaine, comme la croûte cultivable?

---

la propriété foncière se créer comme nous venons de le dire. Prend la terre qui veut : la croûte terrestre n'a pas de valeur.

Ainsi en Amérique, dans les Etats qui touchent les grandes plaines ou les forêts de l'Ouest, en payant à l'Etat une somme minime, 10 francs par exemple, on devient propriétaire d'un hectare. Que représentent ces 10 francs ? Est-ce la valeur de la terre ? Mais elle n'en a pas encore, puisqu'elle est vierge de tout travail humain ; ils ne représentent que la juste rémunération des services que l'Etat rend au colon en lui garantissant la libre disposition de son travail qu'il va incorporer à la terre, sa liberté et sa sécurité personnelle, l'usage des routes ouvertes, de la poste, etc., services méritant une rémunération puisqu'ils ont coûté à l'Etat des avances, qu'il évalue à 10 fr. par hectare de terre vierge qu'il concède.

Qui a pensé à dire à l'homme qui le premier a pris un minerai de fer, l'a travaillé et en a fait une bêche : « Cette bêche n'est pas à toi, car ce fer est » une partie de la terre, qui appartient à tous » les hommes ? » — C'eût été folie ; il en est absolument de même d'un champ qui n'est qu'un instrument de travail ; il utilise l'air gratuit, la chaleur gratuite, l'eau gratuite, etc., comme la bêche utilise la dureté et la flexibilité gratuites du fer, comme la charrette du porteur d'eau utilise cette loi toute gratuite de la pesanteur en vertu de laquelle il est plus facile de rouler un fardeau que de le porter.

Cependant il semble que les uns n'ont pu s'emparer de la terre qu'au détriment des autres?

Les uns ne se sont pas emparés de la terre au détriment des autres, bien au contraire, car nous savons qu'un instrument de travail quelconque profite d'abord, il est vrai, à celui qui l'a fait, mais que bientôt il profite à tout le monde. C'est que Dieu, qui a condamné l'homme au travail, l'a fait aussi pour vivre en société, c'est-à-dire pour travailler l'un pour l'autre, et il nous révèle par là sa Providence et sa Bonté en ne permettant à personne de tirer profit d'un de ses dons qu'en en faisant profiter tout le monde.

Montrez comment le profit du propriétaire terrien est devenu le profit de tous les hommes.
Le profit du porteur d'eau est devenu le profit

de tous les sabotiers, de même le profit du culti-
vateur a profité à tous les hommes. Certes, s'il a
eu beaucoup de peine, il a dû avoir de grands
profits celui qui le premier a défoncé un champ,
l'a préparé, l'a ensemencé, etc., etc., car il a pu un
jour offrir aux autres hommes des grains et des
fruits meilleurs et plus nombreux que ceux que
leur offrait si avaricieusement la nature sauvage
et inculte; il en a reçu en échange des services
jugés équivalents et certainement considérables;
mais bientôt il a été imité, mieux imité même,
car d'autres ont profité de ses fautes et de son expérience, et la valeur de ses services a diminué,
les autres hommes ont donc été plus abondam-
ment pourvus de grains et de fruits. Le profit défi-
nitif est donc là encore pour l'humanité.

Ainsi, en résumé, la terre peut devenir un instrument de travail dont la propriété est aussi légitime que celle des autres instruments. Un champ
ne vaut que par les efforts dépensés pour le faire,
comme tout autre instrument, et le prix qu'on en
donne ou sa valeur ne représente rien autre chose
que ce qu'il faudrait dépenser pour en faire un
semblable.

*Vous avez dit qu'un champ comme tout autre instru-
ment de travail s'usait et se détériorait ?*

Si un champ une fois fait n'était pas régulièrement remué, fumé, sarclé, etc., etc., il se couvrirait
de nouveau de ronces et d'épines, il serait détruit·

Il faut donc l'*entretenir* comme tout autre instrument de travail, mais cet entretien se confond avec la culture, c'est-à-dire avec le travail nécessaire pour utiliser l'instrument, pour faire porter au champ la récolte qu'on lui demande.

Il en résulte que celui qui prête son champ le donne contre un intérêt annuel ou *rente*, prix de l'usage ; et la *reconstitution* de son capital, c'est-à-dire *l'entretien du champ jusqu'à sa restitution*, est le plus souvent sous-entendue, non que cette condition cesse d'exister, mais parce qu'étant accomplie avec les autres travaux de la culture on a jugé inutile de la stipuler.

Résumez ce que vous avez dit sur la Propriété et l'Echange.

1º Les choses de la nature sont données *gratuitement* par Dieu à tous les hommes.

2º Le Travail est le concours de toutes les facultés de l'homme à *l'appropriation* des choses de la nature à ses besoins.

3º Les hommes ont été créés pour vivre en Société : c'est-à-dire pour travailler les uns pour les autres.

La Société donne à l'homme plus de moyens de satisfaire ses besoins que l'isolement.

4º La Propriété est la libre disposition d'une chose appropriée à nos besoins par celui qui a fait ou produit cette appropriation.

5º Le produit du travail des hommes se transmet de l'un à l'autre par l'échange : les services s'échangent contre des services.

6º Les services rendus et non réclamés constituent l'*Epargne,* qui ne peut rendre de service qu'en se transformant en instrument de travail.

Le profit de l'un devient le profit de tous.

7º Le profit du Travail se répartit par un libre débat entre le *Capital* qui fournit l'instrument de travail ; la force intellectuelle, ou *Intelligence*, qui le conçoit, et la force physique, ou le *Travail* proprement dit, qui le met en œuvre.

DE LA FAMILLE

Qu'est-ce que la Famille?

C'est une communauté établie entre des personnes par les liens indissolubles de la chair et du sang.

Pourquoi dites-vous une communauté ?

Parce que dans la famille tout est commun : le bonheur et le malheur, les biens et les maux; parce que le père et la mère ne forment qu'une seule chair, et leurs enfants sont la chair de leur chair.

Est-ce que l'échange des services règle aussi les rapports des membres de la famille entre eux ?

Non. Dans la famille les services ne s'échangent

pas comme dans la Société, les père et mère travaillent pour leurs enfants et leur donnent *gratuitement* ce dont ils ont besoin, sans exiger autre chose en échange que l'amour et le respect commandés par Dieu.

Est-ce que la Société n'a pas des droits particuliers sur l'enfant?

Elle ne peut avoir sur l'enfant aucun droit particulier ; si elle s'en attribuait elle diminuerait l'autorité des père et mère et relâcherait, jusqu'à les détruire, les liens de la famille. La Société a sur l'enfant les mêmes droits que sur tout autre personne. Elle ne peut exiger de lui que le respect de la Loi, et tant qu'il n'a pas l'âge de raison elle rend les père et mère responsables de ses actions.

La Société peut-elle obliger les père et mère à donner de l'instruction à leurs enfants?

Oui, par la même raison qu'elle a le droit d'obliger les parents à accomplir leur devoir d'élever leurs enfants et de pourvoir à tous leurs besoins ; or l'instruction est un des premiers besoins de l'homme ; les père et mère ne l'ignorent pas et ce droit de la Société est en général inutile.

Pourquoi dites-vous que l'Instruction est un des premiers besoins de l'homme?

Parce que l'Instruction enseigne à l'homme à

respecter les Lois divines et humaines, c'est-à-dire à être libre. Parce qu'elle développe les forces de son intelligence en lui faisant comprendre la Loi de Dieu et celles qu'il a données à la nature; elle augmente ainsi le produit du *Travail* qui n'est, comme on l'a dit, que le concours de toutes les facultés de l'homme, de toutes ses forces intellectuelles et physiques, à la satisfaction de ses besoins.

La Société peut-elle déterminer un genre particulier d'instruction et forcer les parents à ne donner que celle-là à leurs enfants ?

Non, elle ne le peut pas plus qu'elle ne peut obliger les parents à donner tels aliments ou tels vêtements à leurs enfants. Elle détruirait ainsi l'autorité des père et mère et la famille elle-même. En effet, les parents ont le devoir étroit de pourvoir aux besoins de leurs enfants ; si la Société les déchargeait de ce devoir elle les priverait du droit correspondant de commander et d'être honorés, la famille serait compromise.

Mais la Société n'aurait-elle pas ce devoir et ce droit, si elle jugeait mauvaise l'instruction donnée aux enfants par la famille ?

Non. Parce que la Société n'est pas infaillible et qu'elle peut juger mauvais ce qui est bon. Elle n'est qu'un ensemble de personnes qui, en dehors de la Loi de Dieu, n'ont chacune pour se diriger que les lumières de leur raison bornée et sujette à l'erreur. D'où viendrait donc cette infaillibilité de la Société ? — D'ailleurs quels sont les parents qui donneraient à leurs enfants une instruction qu'ils jugeraient mauvaise ? Quel est l'homme qui donne à son fils une pierre pour du pain, un scorpion quand il lui demande un œuf, ou un serpent quand il demande un poisson ?

Est-il juste que les enfants héritent de leurs parents ?

Oui, puisque les parents ont travaillé surtout pour leurs enfants qui sont la chair de leur chair, il est juste que les enfants recueillent le fruit d'un travail fait pour eux.

On admet bien que les parents travaillent pour leurs enfants en bas âge, mais quand ceux-ci sont en état de pourvoir à leurs besoins, pourquoi recueilleraient-ils, plutôt que la Société, une valeur qui ne leur est plus nécessaire et qui représente des services qu'ils n'ont pas rendus ?

C'est que ce n'est pas l'âge, mais la mort seule qui brise les liens de la famille. Et si un homme est parfaitement libre de faire un don gratuit à un autre homme, est-ce que le père de famille n'est pas libre d'en faire autant, quand même cet autre homme serait son fils ? Qui oserait soutenir le contraire ? Ainsi l'héritage n'est qu'un *don gratuit et dernier*, que les parents font à leurs enfants. Et si la Société forçait jamais les père et mère à déshériter leurs enfants en sa faveur, loin de retirer aucun profit de cette violence elle se ferait tort à elle-même.

Comment la Société se ferait-elle du tort si elle détruisait l'héritage ?

En forçant contre toute justice les père et mère à ne pas donner leurs propriétés à leurs enfants, la Société détruirait un des plus grands mobiles de l'activité humaine. Parce que si l'homme travaille pour lui-même, il travaille surtout pour sa famille et ses enfants ; si donc la Société l'empêchait de travailler, soit afin de pourvoir aux besoins de ses enfants, soit afin de leur donner, *comme* et *quand* il le veut. le fruit de son travail, l'homme ne serait plus père de famille et il travaillerait moins car il ne travaillerait plus que pour lui seul, il serait moins riche et la Société serait elle-même moins riche, il rendrait moins de services et la Société en aurait moins à sa disposition.

L'héritage n'est qu'une forme de cette Loi providentielle de l'*Hérédité*, en vertu de laquelle nous avons hérité de la faute d'Adam, de son repentir et des promesses du Dieu de toute justice et de toute miséricorde.

DU CHRISTIANISME

—

D'après tout ce que vous avez dit sur la famille et la propriété, il semble que la Loi des Juifs, le Décalogue, suffisait pour la Société. La venue de N.-S. J.-C. n'a-t-elle eu pour but que le salut particulier de chaque homme ?

La loi ancienne suffisait pour former une Société bien supérieure aux Sociétés païennes, car cette Loi n'est que la justice rigoureuse ; elle enseignait dent pour dent, œil pour œil, mal pour mal, et la Société ancienne disait : service pour service ; rends-moi service ou n'en attends aucun de moi ; sers ou meurs. Jésus-Christ est venu pour enseigner aux hommes le sacrifice et leur apprendre à tempérer la rigueur de la Justice par la Charité et la Miséricorde.

Qu'est-ce que le Sacrifice?

C'est l'abandon de ses intérêts pour le bien d'autrui, jusqu'à l'abandon de sa vie, l'immolation volontaire. J.-C. en a donné l'exemple aux hommes en vivant parmi eux et s'immolant pour eux. C'est lui qui a mis au cœur des père et mère ce besoin de se sacrifier pour leurs enfants; c'est lui qui a inspiré aux missionnaires de renoncer à toutes les satisfactions de ce monde pour porter la vérité aux hommes; c'est lui qui fait que le bon citoyen donne sans regret sa vie pour sa Patrie. Il a dit au riche : « Les désirs et les besoins de l'homme sont insatiables, impose-leur *volontairement* des bornes et donne au pauvre ce que tu retrancheras sur tes légitimes satisfactions; c'est à moi que tu le donneras. » A d'autres il a dit : « Ne prenez ici bas que ce qu'il vous faut pour ne pas mourir et laissez au pauvre votre place au banquet de la vie. » A tous il a dit : « Aimez-vous les uns les autres; ce que vous donnerez par miséricorde ne sera pas perdu; le service que vous rendrez *gratuitement* et de *bonne volonté* ne vous sera pas rendu ici bas, mais il vous sera rendu au centuple dans le Royaume de Notre Père. Les faibles et les petits sont mes frères et les vôtres. N'exigez pas d'eux service pour service, comme *l'équité vous permet de l'exiger des autres hommes*, mais soyez pour eux les aînés des enfants d'une même famille où les services ne se pèsent pas dans les balances de l'inflexible Justice, mais où l'amour les distribue gratuitement. »

Mais avant J.-C. les père et mère se dévouaient pour leurs enfants, les bons citoyens sacrifiaient leur vie pour leur Patrie.

N.-S. J.-C. était avant sa venue, il était avant la création du monde, car nous savons qu'il est la seconde personne de la T.-S. Trinité. Tous les vrais dévouements, tous les vrais sacrifices procèdent de lui qui en est le modèle éternel et à qui en revient toute gloire dans le Passé, dans le Présent et dans l'Avenir.

Quel est le but et l'effet du Sacrifice ?

Le Sacrifice a pour but et pour effet de purifier le pécheur, c'est-à-dire de satisfaire à la justice divine par l'expiation et la réparation du mal.

Qu'est-ce que le mal?

C'est le désordre et le péché ; c'est la désobéissance à la *Loi* ou l'esclavage ; c'est le contraire du bien, qui est l'obéissance à la *Loi.* Celui qui désobéit à la *Loi* fait le mal : c'est un *malfaiteur.*

Comment se manifeste le mal ?

Par la douleur.

On dit cependant que la douleur est un mal?

On confond l'effet avec la cause. Le mal engendre la douleur physique et la douleur morale, c'est-à-dire le malheur. La douleur est à la fois la conséquence et le châtiment du mal, et sa mission providentielle sur la terre est de nous contenir dans le Devoir et de nous avertir dès que nous en sortons. Là donc où nous voyons une douleur nous sommes sûrs qu'un mal en est la cause ; là où nous rencontrons le malheur, il existe avant lui ou à côté de lui une prévarication.

Le malheur frappe-t-il toujours celui qui s'est rendu coupable du mal ?

Le coupable ne peut échapper au châtiment après sa mort ; mais si le mal qu'il a fait ne l'atteint pas toujours directement sur la terre, il va frapper à coup sûr quelqu'un, et souvent des générations innocentes, à cause de la Loi de la *solidarité*.

Qu'est-ce que la Solidarité ?

C'est cet enchaînement inéluctable de tous les membres de l'humanité entre eux dans le Passé, dans le Présent et dans l'Avenir, qui fait que nous profitons du travail et des vertus de nos pères et que nous souffrons de leurs erreurs ; que nous profitons des profits de notre prochain, que nous souffrons de ses fautes, et que de même nos enfants profiteront des labeurs et souffriront des prévarications antérieures.

Pourquoi la miséricorde et la charité, en un mot le sacrifice, est-il nécessaire à la Société ?

La Loi ancienne était faite pour les Juifs charnels, elle ne demandait aux hommes qu'une justice charnelle et pour ainsi dire tout extérieure. Jésus-Christ est venu non pas l'abolir, mais la compléter, en nous faisant comprendre que la Justice tout élémentaire, toute charnelle de cette Loi, ne suffisait pas pour constituer une Société parfaite, que nous devions nous élever *volontairement* à une justice supérieure en payant les uns pour les autres, en *prévenant le mal dans ses causes et en le réparant dans ses effets*. En effet si nous ne sommes pas personnellement coupables du mal, nous en sommes pour ainsi dire complices comme membres de l'humanité. Qui peut dire : Je suis absolument innocent du malheur de cet homme ? Je me lave les mains du sang de ce juste ? Mais à cause de la solidarité on peut dire que si ce n'est nous qui avons fait le mal, c'est à coup sûr quelqu'un des nôtres : l'homme a fait le mal ; l'homme seul peut le réparer (1).

____

(1) Il est bien entendu que cette phrase se rapporte seulement à la *Solidarité*, et non à la réparation du mal par le miracle qui est une exception d'amour à cette Loi.

Puisque le Sacrifice est si nécessaire à la réparation du mal, est-ce que la Société ne peut pas forcer les hommes à le pratiquer, comme elle les force à observer la Loi qui n'est que le développement et la sanction du Décalogue ?

Non, car le sacrifice qui n'est pas volontaire, n'est plus un sacrifice, la contrainte tue la charité et en fait une spoliation, et la réparation que chercherait ainsi la Société serait alors pire que le mal.

Cette Justice supérieure ne peut donc être satisfaite que par le sacrifice volontaire qui échappe à toute loi coercitive et à toute contrainte. J.-C. l'a montré en se faisant homme et en acceptant ainsi une *Solidarité* qui lui a permis de payer pour tous les hommes. C'est cette *réparation volontaire*, consommée par le sacrifice, qui fait la supériorité de la Société chrétienne sur toutes les autres Sociétés.

J.-C. est donc venu pour réparer le mal, pour nous en délivrer en enseignant à l'homme ce qu'il doit faire pour le combattre et vaincre, en un mot pour être heureux. « Cherchez, dit-il, la charité, la miséricorde, c'est-à-dire le Royaume de Dieu et sa justice, et le reste vous sera donné par surcroît. » Alors tous les hommes ne formeront plus qu'une grande famille, ils seront *uns* : un seul troupeau avec le seul Pasteur.

C'est donc uniquement par la doctrine de N.-S.

J.-C. que les hommes peuvent arriver au bonheur ici bas, car elle seule peut leur donner l'*Unité*, la *Liberté*, l'*Egalité* et la *Fraternité* véritables.

Que faut-il penser des prétendus réformateurs de la Société ?

Que ce sont des hérésiarques, des ennemis de la justice, de la liberté, et des insensés.

Pourquoi ?

Parce que leurs doctrines sont contraires à la Religion, à la Justice et à la Raison :

1° Contraires à la Religion, car la plupart nient l'existence de Dieu et toutes nient la faute originelle et la Divinité de N.-S. J.-C. ;

2° Contraires à la Justice et à la Liberté, parce qu'en ne voulant plus que les services s'échangent librement contre les services, mais qu'ils soient distribués d'une autre façon arbitraire et tyrannique, elles détruisent et la Justice et la Liberté ;

3° Contraires à la Raison, parce qu'au lieu de considérer l'homme tel qu'il est, avec ses besoins, ses passions, ses grandeurs et ses misères, ces insensés ont imaginé un homme de fantaisie et une Société aussi chimérique, et qu'ils prétendent forcer l'homme, fils d'Adam, et la Société réelle à se conformer aux caprices de leur imagination dépravée et de leur orgueil.

Leurs doctrines détruisent la Religion, la Famille, la Propriété, la Patrie, et si, par impossible, la Société se soumettait à ces folies et à ces injustices, elle serait détruite et l'humanité retournerait à la barbarie.

TABLE

Brest. — Imp. J. B. Lefournier aîné.

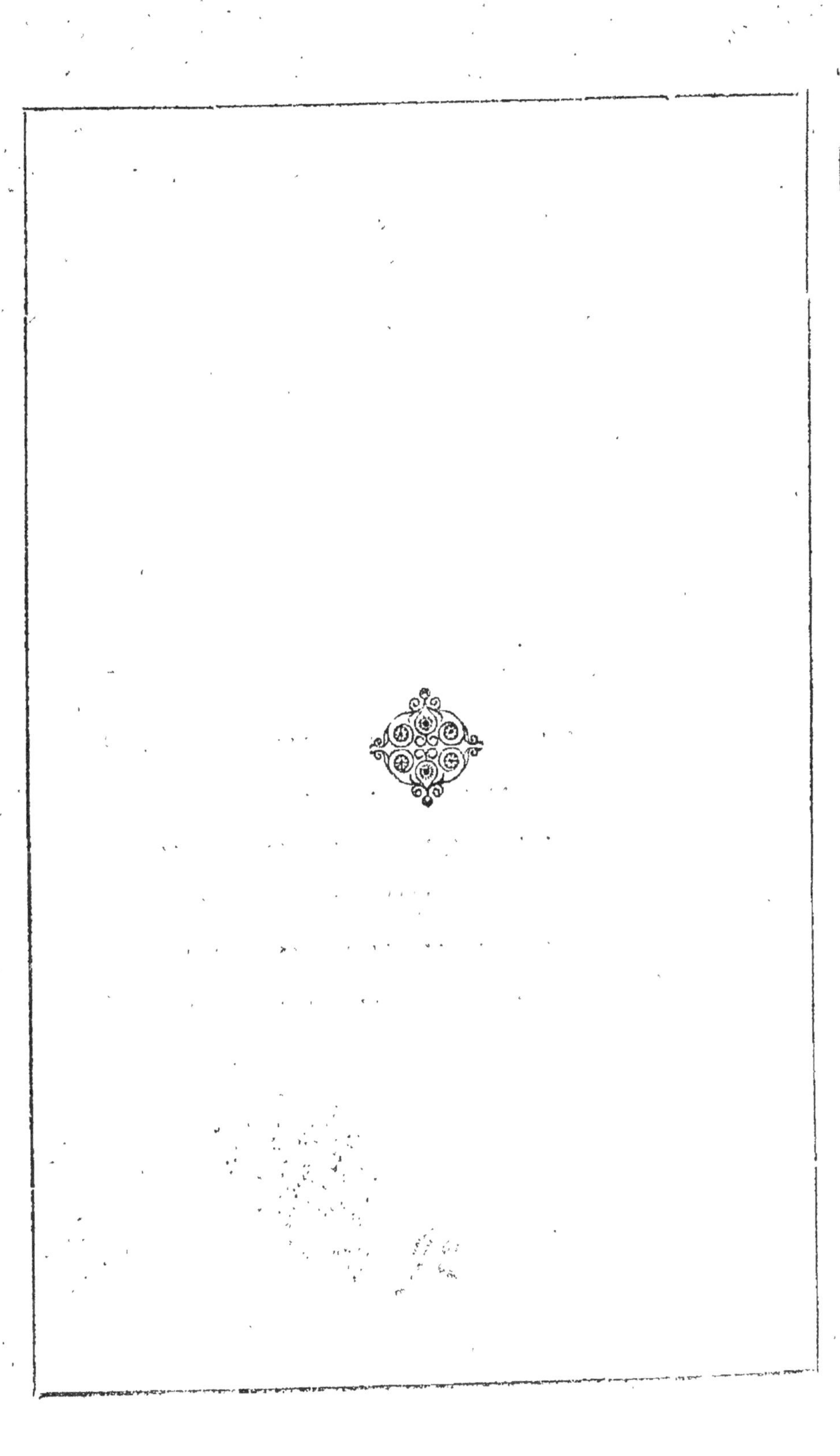